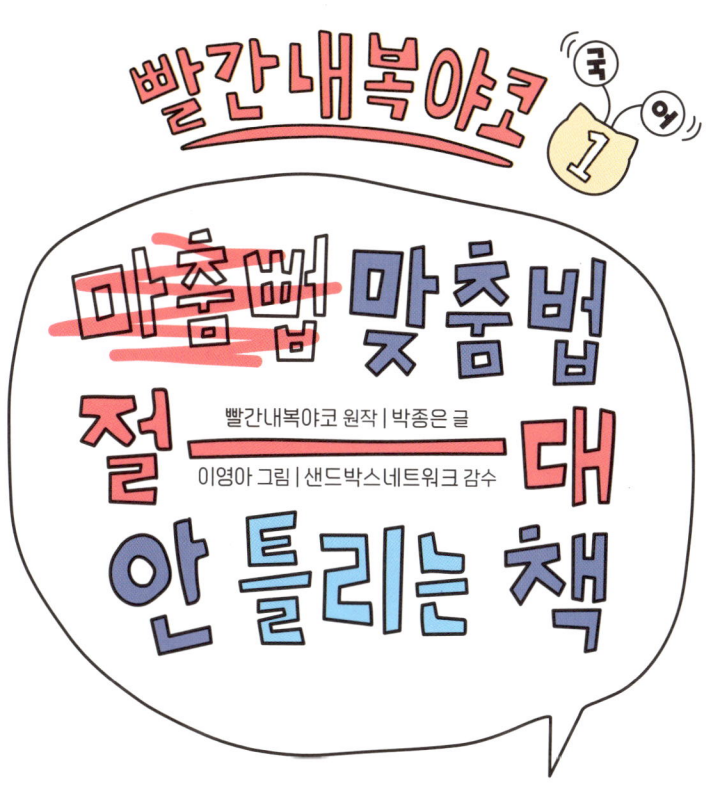

등장인물

이 만화의 주인공.
장난기 넘치지만 맞춤법만큼에는 진심인,
일명 맞춤법 강박증!
민트 초코를 좋아하고
오이와 파인애플 피자를 싫어한다.

야코의 친척 동생이자,
이 만화의 또 다른 주인공.
맞춤법에 관심도 많고
호기심도 많지만 아직 서툴다.
일명 맞춤법 파괴범!

어머니
야코의 어머니이자 사동이의 이모.
잔소리로 랩을 구사하는 일명 K-어머니!

야코의 친구들

양양
달라도 너무 다른 입맛 때문에 야코와 자주 티격태격하는 친구.

하몽
야코의 든든한 절친. 친절하고 똑똑하지만 친구들 사이에서는 자주 놀림감이 된다.

네모
가수가 꿈인 긍정적인 친구.
야코의 유일한 여자(인) 친구이기도 하다.

햄C
어딜 가나 늘 마이크를 들고 다니는 프로 진행자 친구.

츄리
무뚝뚝하고 만사를 귀찮아하지만 은근히 정이 많은 친구.

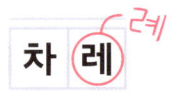

띄어쓰기 부치다

등장인물 2

1장 야코도 가끔 헷갈리는 맞춤법

가르치다 vs 가리키다 8
되 vs 돼 10
너머 vs 넘어 12
-던 vs -든 14
대로 vs 데로 16
어떡해 vs 어떻해 18
로서 vs 로써 20
안 vs 않 22
오랜만 vs 오랫만 24
며칠 vs 몇 일 26
거야 vs 꺼야 28
파란색 vs 파랑색 30
어이없다 vs 어의없다 32
개수 vs 갯수 34
금세 vs 금새 36
봬요 vs 뵈요 38
바람 vs 바램 40
띄어쓰기 vs 띠어쓰기 42

야코와 함께 노래를 ♪♬
▶ 끝까지 틀리지 않고 부를 수 없는 노래 44

2장 잘못 쓰면 뜻이 달라지는 맞춤법

잃다 vs 잊다 50
반드시 vs 반듯이 52
껍질 vs 껍데기 54
-장이 vs -쟁이 56
비추다 vs 비치다 58
붙이다 vs 부치다 60
햇빛 vs 햇볕 62
절이다 vs 저리다 64
있다가 vs 이따가 66
바치다 vs 받치다 68
낳다 vs 낫다 vs 낮다 70
매다 vs 메다 72
작다 vs 적다 74
업다 vs 엎다 76
쫓다 vs 좇다 78
-박이 vs -배기 80
날다 vs 나르다 82
한참 vs 한창 84
너비 vs 넓이 86

야코와 함께 노래를 ♪♬
▶ 한국인만 알아들을 수 있는 노래 88

3장 틀린 단어 맞춤법

찌개 vs 찌게 92
오뚝이 vs 오뚜기 94
휴게소 vs 휴계소 96
빈털터리 vs 빈털털이 98
설거지 vs 설겆이 100
역할 vs 역활 102
베개 vs 배게 104
해 질 녘 vs 해 질 녁 106
쇠다 vs 세다 108
숨바꼭질 vs 숨박꼭질 110
으스스하다 vs 으시시하다 112
아지랑이 vs 아지랭이 114
안팎 vs 안밖 116

야코와 함께 노래를 ♪♬
▶ 엄마의 잔소리를 노래로 만든다면 118

4장 차마 웃을 수 없는 맞춤법

쉬엄쉬엄하다 vs 시험시험하다 122
환골탈태 vs 환골탈퇴 124
금일 vs 금요일 126
포복절도 vs 포복졸도 128
사흘 vs 4일 130
구시렁거리다 vs 궁시렁거리다 132
예닐곱 vs 여닐곱 134
고정 관념 vs 고정 간염 136
날개 돋친 듯 vs 날개 돋힌 듯 138
이래라저래라 vs 일해라절해라 140

야코와 함께 노래를 ♪♬
▶ 맞춤법 다 틀리는 노래 142

정답 144

되서 만나요.
회장이 될 겁니다.
친구를 때리면 안
돼요.

형 형!
형!
형 형 형!

나도 나무에서
떨어질 때가 있다고.

1장

야코도 가끔 헷갈리는 맞춤법

가르치다 vs 가리키다

가르치고 가리키다

되 vs 돼

사동이 회장 선거에 나가다

 형! 형! 형! 형 형 형! 나 급해.

 왜? 무슨 일 있어?

 나 내일 회장 선거 나가는데 선생님이 연설문 써 오래.

 그건 네가 직접 써야지.

 당근 내가 썼지. 형이 한번 봐죠.

안녕하세요.
저로 말할 꺼 가트면
빨간내복야코 형의 사촌 동생입니다.
제가 회장이 돼면
우리 야코 형을 교실에서 직접 보게 될 겁니다.
마니 놀라셨나요?
괜찬흐니 사양하지 마시고 저를 뽑아 주세요.
고마씁니다.

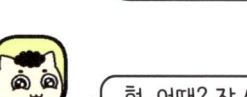 형, 어때? 잘 썼지?

 아….

왜? 형도 마니 놀라써?

 그게 아니고.

 걱정 마. 형은 바쁘니까 한 달에 한 번만 오면 되.

 으윽 ㅠ '되'가 그 '되'가 아니야. 연설문에 쓴 '돼'도 틀리더니….

야코의 강박 맞춤법

'되'와 '돼'는 비슷하게 생긴 만큼 헷갈려서 틀리기 쉬운 맞춤법이야. 그렇지만 딱 하나만 기억하면 돼. 바로, '돼'는 '되어'가 줄어든 말이라는 거야. '되'로 써야 할지 '돼'로 써야 할지 헷갈릴 때는, 그 말을 '되어'로 바꾸어 봐. 자연스럽게 바꿀 수 있으면 '돼'로, 바꿀 수 없으면 '되'로 쓰면 돼.

됐면 → 되면 / 됄 겁니다 → 될 겁니다. / 되. → 돼.

사동이의 나머지 공부

비밀인데, 내가 앞에서 틀린 맞춤법이 더 있어.

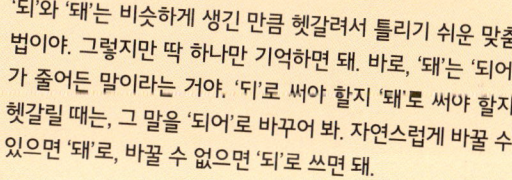

봐죠 → 봐줘   말할 꺼 → 말할 거
가튼면 → 같으면   직쩝 → 직접
괜찮느니 → 괜찮으니   놀라써? → 놀랐어?
고마씁니다 → 고맙습니다

오늘의 다짐
앞 글자의 받침을 뒤로 넘겨 소리 나는 대로
쓰지 않도록 조심할 것!

너머 vs 넘어

포파포프 씨 파푸포푸를 만나러 산을 넘다

야코의 강박 맞춤법

'너머'와 '넘어'를 구별하려면 '움직임'이 있는지 없는지를 살펴보면 돼. 이야기 속에서 포파포프 씨는 쿠크 산을 넘고 울타리를 넘어. 이건 분명 움직임이 있어야 가능하겠지? 이럴 때 '넘다'에서 온 '넘어'로 쓰는 거야.
한편 사물의 저쪽 공간이나 물건, 사람을 가리킬 땐, '너머'를 써야 해. 예를 들면, '쿠크 산 너머에 있는 마을'이나 '창 너머 보이는 포파포프 씨'처럼 말이야.

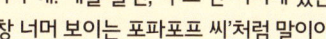
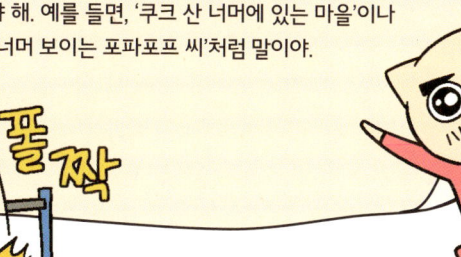

-던 vs -든

사동이 던과 든을 넘나들다

야코의 강박 맞춤법

'-던'은 과거에 어떤 일이 있었다는 것을 나타내. 반면, '-든지'의 준말인 '-든'은 여러 대상 가운데 무언가를 선택할 때 쓰이지. 이 점에 유의해서 사동이의 잘못된 표현을 고쳐 보자.

어릴 적에 읽든 → 어릴 적에 읽던
어떤 책이던 → 어떤 책이든
어떤 과일이던 → 어떤 과일이든

대로 vs 데로

천사와 악마 사이

오늘은 내 생일이다. 야코 형이 맛있는 걸 사 준다고 학교를 마치는 데로 집으로 오라고 했다. 형이 내가 가고 싶은 대로 가도 된다고 해서 피자 집에 같다. 나는 그동안 먹고 싶었던 걸 닥치는 데로 시켜 먹었다. 형은 다음 생일엔 더 좋은 대로 데리고 간다고 약속했다. 야코 형은 정말 천사 같다.

야코의 강박 맞춤법

'대로'는 '어떤 모양이나 상태와 같이', 또는 '상태와 행동이 나타나는 즉시'라는 의미로 쓰여. 예를 들면 '본 대로 말해 줘.' '도착하는 대로 전화해.'의 같이 쓰이지.
'데로'는 장소를 의미하는 '데'에 조사 '로'가 붙은 거야. '깨끗한 데로 가자.' '밝은 데로 가자.'와 같이 말이야.
이러한 맞춤법에 맞게 사동이의 일기를 고쳐 보자.

학교를 마치는 데로 → 마치는 대로
가고 싶은 대로 → 가고 싶은 데로
닥치는 데로 → 닥치는 대로
좋은 대로 → 좋은 데로

사동이의 나머지 공부

혹시 찾았어? '대로'와 '데로' 외에도 틀린 부분이 두 군데 있어!

피자 집에 같다 → 피자 집에 갔다.
천사 갔다 → 천사 같다.

오늘의 다짐
발음이 같거나 비슷하다고
방심하지 말자!

어떡해 vs 어떻해

누가 사동이 마음에 비를 뿌리나

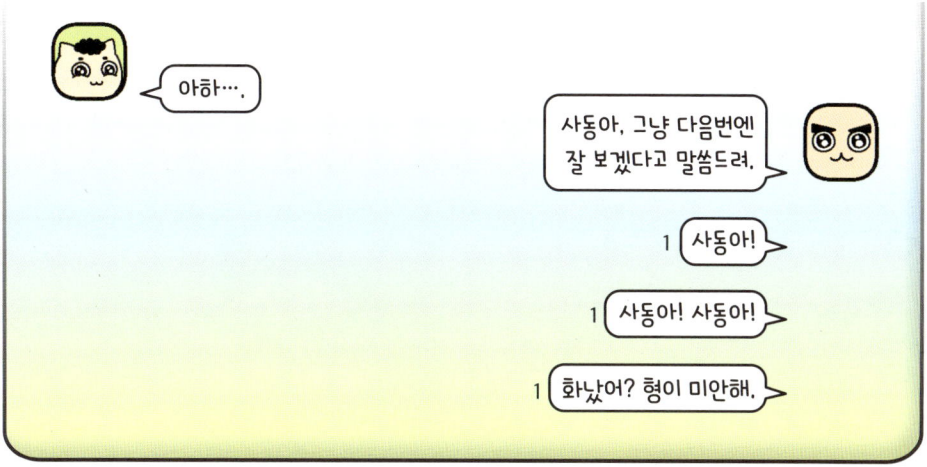

로서 vs 로써

설마가 야코 잡는다

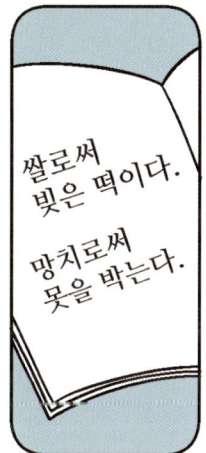

야코의 강박 맞춤법

설마 사동이처럼 '로서'와 '로써'를 사람이나 사물의 이름이라 생각한 사람은 없겠지? '로서'는 '선생님으로서', '친구로서' 등, 사람의 지위나 자격을 나타낼 때 쓰여. 반면 '로써'는 '밀가루로써', '대화로써' 등, 어떤 물건의 재료나 수단, 방법을 나타낼 때 쓰이지. '로서'와 '로써'는 쓰임새가 전혀 다르니, 유의하도록 하자.

맞춤법이 안 되면 표어를 바꾸라

사동아, 형이 지금 전화해서 설명해 줄게.

 ?

야코의 강박 맞춤법

'안'과 '않'은 어른들도 자주 헷갈리는 맞춤법이야. 이때 기억할 것! 안은 '아니'의 준말이고, 않은 '아니 하'의 준말이야. '아니'나 '아니 하'를 넣어 보면 무엇이 맞는지 알 수 있어.

친구를 때리면 않 돼요. → 친구를 때리면 안 돼요.
친구를 놀리지 아나요. → 친구를 놀리지 않아요.

오랜만 vs 오랫만

나도 게임 좋아하는데….

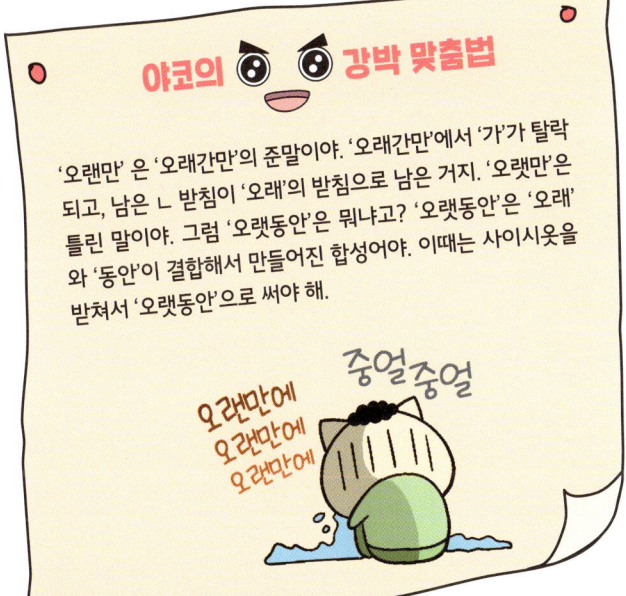

야코의 강박 맞춤법

'오랜만'은 '오래간만'의 준말이야. '오래간만'에서 '가'가 탈락되고, 남은 ㄴ 받침이 '오래'의 받침으로 남은 거지. '오랫만'은 틀린 말이야. 그럼 '오랫동안'은 뭐냐고? '오랫동안'은 '오래'와 '동안'이 결합해서 만들어진 합성어야. 이때는 사이시옷을 받쳐서 '오랫동안'으로 써야 해.

며칠 vs 몇 일

하루도 바람 잘 날 없는 맞춤법

거야 vs 꺼야

거야 거야 할 거야!

야코의 강박 맞춤법

'거야'는 '것이야'의 준말이야.
'거야' 앞에 '할', '갈', '될' 등이 와서 '할 거야', '갈 거야', '될 거야'가 되면 발음은 [꺼야]로 나지만, 이때 발음대로 '꺼야'라고 쓰지 않도록 주의해야 해.

사동이의 나머지 공부

틀린 부분이 또 있다는데 찾았어?

공부 좀 할께. → 공부 좀 할게.

'거야'와 마찬가지로, '게' 앞에 '-ㄹ'이 오면 [께]로 소리 나지만 '게'로 써야 해.

파란색 vs 파랑색

검은 모자를 쓴 사동이

시무룩

사동아! '빨간색' 모자 쓰고 '파란' 하늘 '하얀' 구름 아래 형이랑 놀러 가자!

잠시 후

 형! 나 결정했어.

 맞춤법 고수가 될 때까지 어둠의 운둔자로 살 거야.

야코의 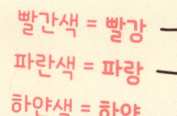 강박 맞춤법

빨간색 = 빨강
파란색 = 파랑   색의 의미가
하얀색 = 하양   포함된 단어

사동이의 빨강색 모자를 바르게 고쳐 쓰면 '빨간색 모자'나 '빨강 모자'로 써야 해.

쪽지 시험

사동이와 야코의 대화 중 다음 의미에 해당하는 단어를 찾아 바르게 고쳐 쓰세요.

세상일을 피하여 숨어 사는 사람

사동이가 쓴 말   →   고쳐 쓴 말

정답: 운둔자 → 은둔자

휘이잉

어이없다 vs 어의없다

어처구니의 어원을 찾아서

개수 vs 갯수

갯수는 틀리고 횟수는 맞다

야코의 강박 맞춤법

개수는 '한 개씩 낱개로 셀 수 있는 물건의 수'를 말해. 발음이 [개쑤]로 나서 '갯수'로 잘못 적는 경우가 많지. 개수는 한자어 낱 개 자(個)와 한자어 셈 수 자(數)가 만나 만들어진 합성어라 사이시옷 'ㅅ'을 넣지 않아.

사동이의 나머지 공부

위에 나온 '개수'처럼, 한자어+한자어 합성어는 보통 사이시옷을 쓰지 않아. 그런데 예외의 경우가 딱 여섯 가지 있대. 이건 그냥 외워야 할 듯!

곳간 ● 셋방 ● 숫자 ● 찻간 ● 툇간 ● 횟수

금세 vs 금새

서당 개 사동이 풍월을 읊다

 뭘요, 서당 개 삼 년이면 풍얼을 읍는다자나요.

 아….

 흐흐흐

야코의 강박 맞춤법

'금세'란 '지금 바로'라는 뜻이야. '금세'와 '금새'가 헷갈린다면 이것 하나만 기억해. 금세는 '금시에'가 줄어든 말이라는 사실!

금시에 → 금시에 → 금세

나는 금세 맞힐 수 있지. 히히히

 서당 개 친구들

쪽지 시험

사동이가 말한 속담을 맞춤법에 맞게 바르게 고쳐 보세요. (틀린 곳은 두 곳!)

서당 개 삼 년이면 풍얼을 읍는다.

→ _____

_____

뭔데?

뭔데?

멍멍멍

흔들흔들

정답: 서당 개 삼 년이면 풍월을 읊는다.

봬요 vs 뵈요

예의는 바르지만 맞춤법에 서툰 사동이

'뵈요'는 '웃어른을 대하여 보다'라는 뜻의 '뵈다'를 높여 쓴 표현이라고.

예의 바른 K-초등학생! '뵈요'가 아니라 '봬요'란다. ㅎㅎㅎㅎㅎㅎ

한 가지 더!

사동이 님이 나갔습니다.

헉!
예의 바른 K-초등학생이라더니….

야코의  강박 맞춤법

'뵈다'는 '웃어른을 대하여 보다'라는 뜻이야. 이때 '뵈다'를 높임말로 쓰려고 '~요'를 붙이면 '뵈어요'이고, '뵈어요'를 줄인 말이 '봬요'야. 즉, '뵈어요' 또는 '봬요'가 맞고, '뵈요'는 틀린 표현이야.

사동이의  나머지 공부

옷의 윗도리, 아랫도리처럼 위, 아래 의미로 반대되는 말이 있을 때는 '윗-'을 쓰지만 반대되는 말이 없을 때는 '웃-'을 쓴대. '아랫어른'이라는 말은 없으니까.

윗어른 → 웃어른

오늘의 다짐
톡 방에서 나가기 전에 꼭 인사를 하자!

그럼 소인은 이만….

에헴!

스스스

바람 vs 바램

바람을 바라다

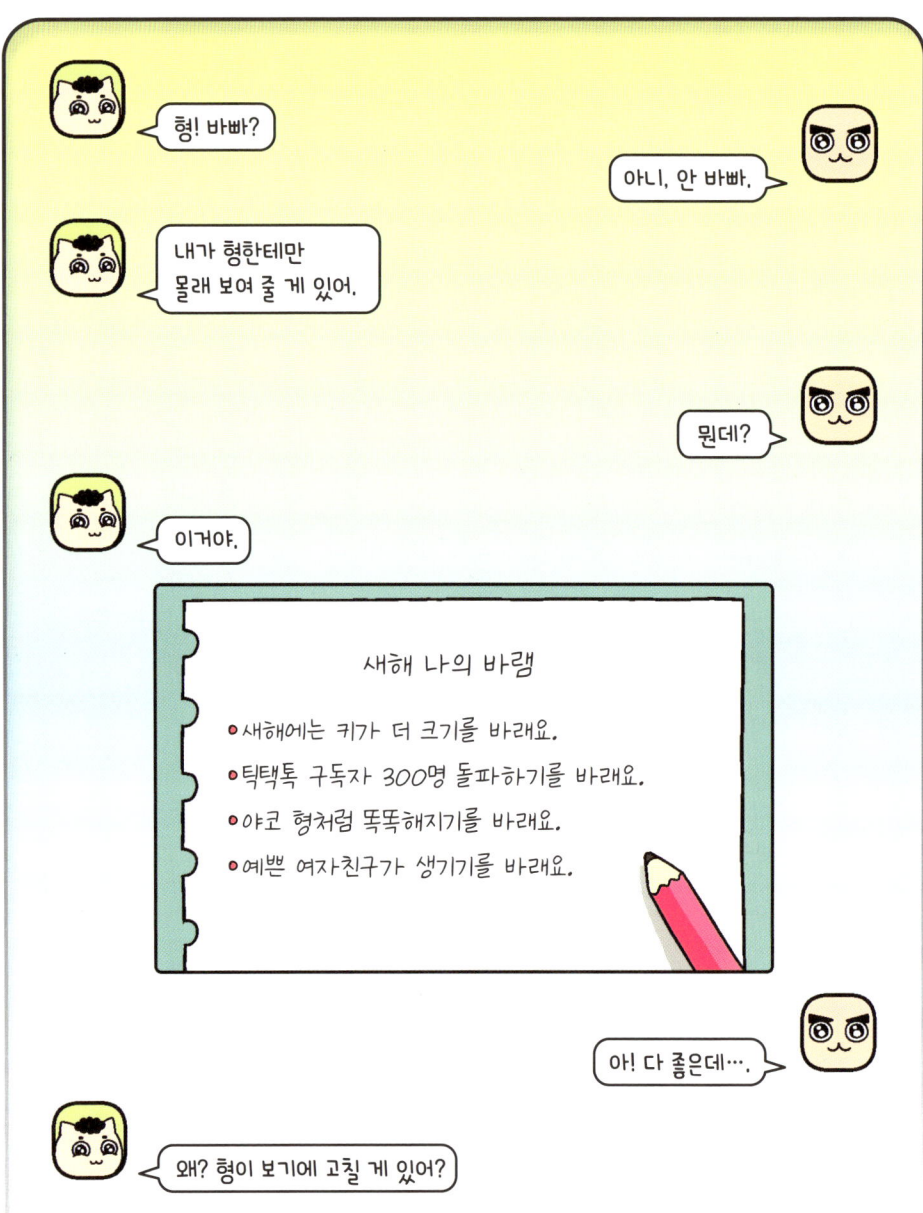

응. 뭐가 맘에 안 들어?

 형이 고쳐 줘도 돼?

새해 나의 바램 **바람**

- 새해에는 키가 더 크기를 바래요. **바라요**
- 틱택톡 구독자 300명 돌파하기를 바래요. **바라요**
- 야코 형처럼 똑똑해지기를 바래요. **바라요**
- 예쁜 여자친구가 생기기를 바래요. **바라요**

 쳇!!

야코의 강박 맞춤법

'어떤 일이 이루어지기를 간절히 바라는 마음'은 '바램'이 아니라 '바람'이야. 기본형인 '바라다'에 ㅁ 받침이 붙어서 '바람'이 되었지. 많은 사람들이 헷갈려 하는데, '바램'은 틀린 표현이야. 아래 바른 맞춤법을 익혀 두자.

바램 → 바람
바래다 → 바라다
바랩니다 → 바랍니다
바랠게 → 바랄게

 비나이다! 비나이다!

싹 싹 싹

띄어쓰기 vs 띠어쓰기

무엇이 더 중요한가

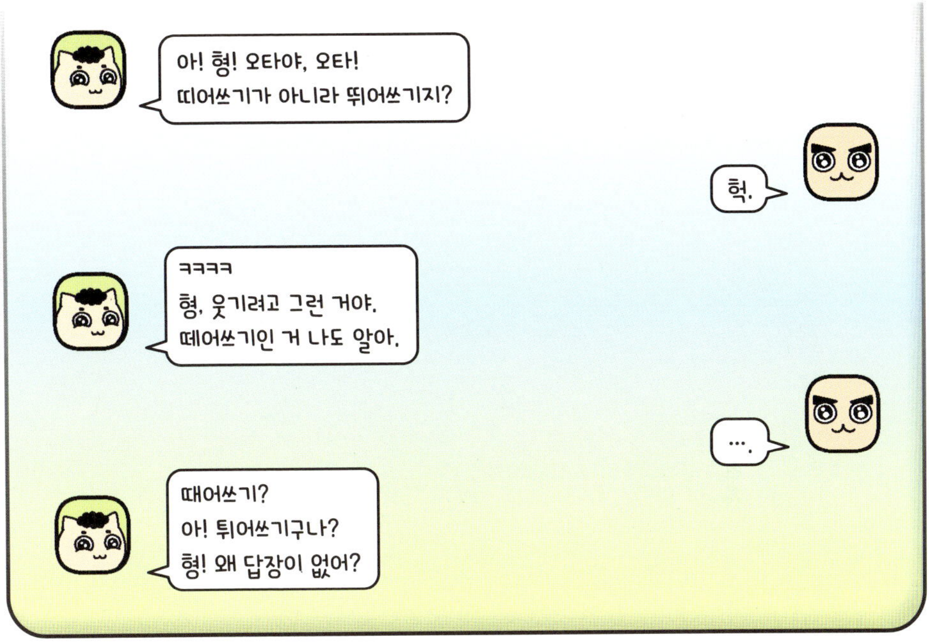

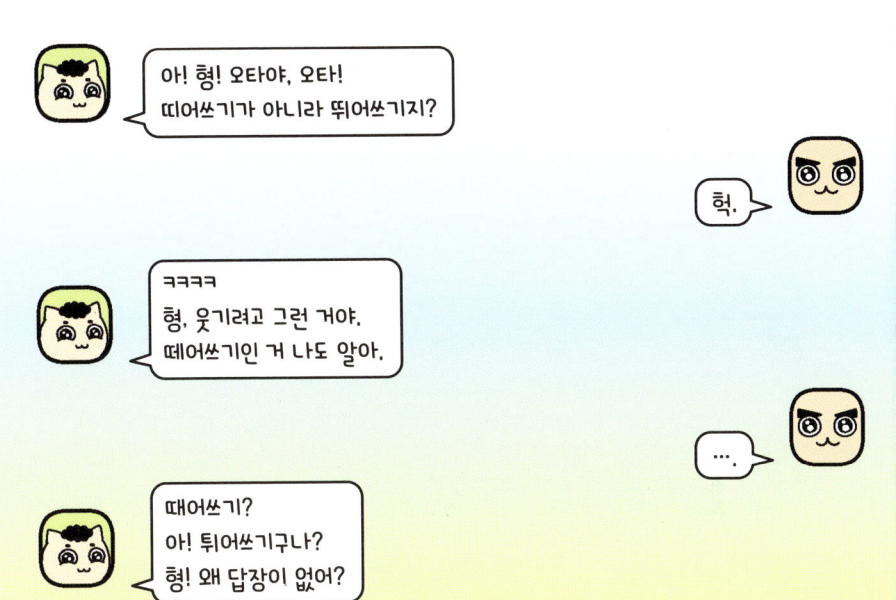

야코의 강박 맞춤법

문장을 쓸 때 띄어쓰기를 잘 해야 의미를 바르게 전달할 수 있어. 사동이가 예로 든 것처럼 띄어쓰기를 잘못하면 전혀 다른 우스꽝스러운 뜻이 되기도 하지.
띄어쓰기를 띠어쓰기, 떼어쓰기, 뛰어쓰기 등으로 틀리게 적는 경우가 종종 있어. 띄어쓰기의 '띄다'에는 글자와 글자 사이를 뜨게 한다는 의미가 들어 있다는 걸 기억해.

아버지가 방에 들어가신다.

아버지 가방에 들어가신다.

우리 입부터, 아니, 손도 함께 풀어 볼까? 《끝까지 틀리지 않고 부를 수 없는 노래》를 따라 부르고 적어 보면서 끝까지 틀리지 않을 수 있는지 도전해 봐!

QR코드를 찍어 봐!

▶ 끝까지 틀리지 않고 부를 수 없는 노래

옛날 옛적 포파포프 씨라는 간장 공장 공장장이 있었다.
포파포프 씨는 딸인 파푸포푸 이름 따서 파푸포푸 공장 지었다.

그만큼 딸바보였는데 어느 날 딸이 안 촉촉한 초코칩을 먹다
안 촉촉한 초코칩이 아닌 촉촉한 초코칩이 먹고 싶다 함.

포파포프 씨가 파푸포푸 위해서 촉촉한 초코칩을 구하려면
이웃 나라 스미스무스므를 샅샅이 수색할 수밖에 없었다.

도전! 입&손 풀기

간	장		공	장		공	장
장		포	파	포	프		씨
는		촉	촉	한		초	코
칩		얻	기		위	해	
스	미	스	무	스	므	로	
짐	을		챙	긴		채	
떠	난	다	.				

 한영 양장점 옆 한양 양장점을 지나 마차 타고 스미스무스므로 포파포프 씨는 반드시 촉촉한 초코칩을 얻겠다고 다짐한다.

야코와 함께 노래를

스미스무스므 도착한 포파포프 씨는 촉촉한 초코칩을 찾는다.
지나가던 된장 공장 공장장 트투에게 초코칩 행방을 묻는다.

그	는		붉	은	팥		풋
팥	죽		파	는		할	머
니	가		촉	촉	한		초
코	칩		판	다	며		붉
은		집		옆	집		앞
집		뒤		창	살		지
나	면		할	머	니	가	
있	다		한	다	.		

그 가 파 푸 포 푸
위 해 서 촉 촉 한
초 코 칩 을 구 하 려
고 풋 팥 죽 할 머
니 에 게 전 속 력
다 해 달 려 간 다 .

 간장 공장 공장장 포파포프 씨는 촉촉한 초코칩 얻기 위해
풋팥죽 할머니에게 촉촉한 초코칩을 구입한다.

촉촉한 초코칩 구한 포파포프 씨는 스미스무스므를 떠난다.
포파포프씨는 딸인 파푸포푸에게 촉촉한 초코칩을 줄 것이다.

호수에 달빛이 비추니
정말 아름답다.
배추를 저리느라
다리가 절였어.

제발 날 찾지 마….

혀어어엉~

2장

잘못 쓰면 뜻이 달라지는 맞춤법

나와 함께 맞춤법을 정복하자!

잃다 vs 잊다

야코와 사동이의 대결

형!
나 학교 끝나고 집에 가는 길인데….

신발주머니를 잃어버렸어.

아, 깜빡하고 학교에 놓고 왔어?

아니, 학교에서 감쪽같이 사라졌어.

이런! 잃어버렸구나!

더 큰일은…
집 앞인데 어젯밤에 바꾼
현관 새 비밀번호를 잃어버렸어.

비밀번호를 적은 메모지를
잃어버렸단 말이야?

아니, 외웠는데 잃어버렸어.

저런! 잊어버렸구나!

야코의 강박 맞춤법

'잃다'와 '잊다'가 헷갈린다고? 그럴 땐 각각 '물건'과 '기억'을 함께 떠올리면 더는 헷갈리지 않을 거야.
'잃다'는 원래 가지고 있던 것이 없어졌을 때 쓰는 표현이야. 예를 들어 '연필을 잃다', '지갑을 잃어버리다'와 같이 쓰이지.
'잊다'는 기억과 관련이 있어. 잊어버리거나 생각해 내지 못할 때 '잊다', '잊어버리다'를 써. '전화번호를 잊다', '친구 이름을 잊어버리다'와 같이 쓰면 돼.

사동이가 지갑을 잃어버린 충격으로 야코 형의 이름을 잊어버렸습니다.

누구세요?

반드시 vs 반듯이

발길질은 반드시 금물

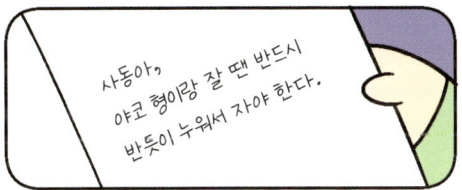

껍질 VS 껍데기

야코가 만든 감자 껍데기

-장이 vs -쟁이

사동이는 고집쟁이인가 고집장이인가

 내가 어릴 적에 해 봐서 아는데 고집부리기, 심술부리기, 떼쓰기도 엄청난 기술이 필요하거든.

인정! ㅎㅎ 찾았다! 너 어릴 때 떼쓰던 모습!

 형, 이건 반칙이야!

야코의 강박 맞춤법

'-장이'는 어떤 기술을 가진 사람을 가리킬 때 쓰는 말이야. 예를 들어 옹기 만드는 기술을 가진 사람은 옹기장이, 쇠를 달구어 연장을 만드는 기술자는 대장장이라고 부르지. 반면 '-쟁이'는 특정한 버릇이나 습관처럼 어떤 속성을 가진 말 뒤에 붙여. 고집쟁이, 심술쟁이, 떼쟁이처럼 말이야.

비추다 vs 비치다

야코와 사동이의 동상이몽

야코의 강박 맞춤법

'비추다'는 '빛을 내는 대상이 다른 대상에 빛을 보내어 밝게 할 때' 써. 예를 들어 '달빛이 호수를 비춘다'처럼 말이지. '비치다'는 빛이 나서 환하게 되었을 때, 즉 '호수에 달빛이 비친다'처럼 쓰인단다.

쪽지 시험

다음 중 맞춤법에 맞는 문장에 O 표를 해 보세요.

① 방 안에 달빛이 비치다. (　)
　 방 안에 달빛이 비추다. (　)

② 손전등으로 밤길을 비추다. (　)
　 손전등으로 밤길을 비치다. (　)

정답: ① 방 안에 달빛이 비치다. (O)
　　　② 손전등으로 밤길을 비추다. (O)

붙이다 vs 부치다

붙이지 말고 부치자

사동이의 나머지 공부

그나저나, '부치다'와 '붙이다'에는 다른 쓰임새도 많더라고. 더 찾아 왔으니 뜻을 유추해 봐!

부치다의 다른 쓰임새	붙이다의 다른 쓰임새
① 달걀을 부치다.	① 불을 붙이다.
② 힘이 부치다.	② 이름을 붙이다.

오늘의 다짐
달걀에 풀칠을 하지 않도록 조심하자!

야코의 강박 맞춤법

'붙이다'와 '부치다'는 발음이 같지만 뜻이 전혀 달라. 편지나 소포를 보낼 때는 '부치다'를, 물건이 떨어지지 않게 할 때는 '붙이다'를 쓰지.

햇빛 vs 햇볕

사동이의 요상한 깨달음

쩔이다 vs 저리다

아무리 안 그랬다 우겨도

쪼그리고 앉아서 했더니 다리가 얼마나 절이던지! ㅠㅜ

 오늘은 그냥 넘어가려 했는데…. 안 되겠다.

 ?

 우리 사동이 다리를 소금에 절이고 김치를 절뚝절뚝 저리게 할 수는 없지.

 아! 형, 내가 언제 그렇게 말했어? 형이 잘못 들은 거야.

 들은 게 아니고 네가 쓴 거야.

 형! 나 급한 일이 생겨서. 그럼 이만. =3=3=3=3=3

야코의 강박 맞춤법

발음이 비슷하지만 절대 헷갈리면 안 되는 두 단어가 바로 '절이다'와 '저리다'야. '절이다'는 '소금이나 식초 등이 배어들게 하는 것'이고 '저리다'는 '뼈마디나 몸 일부의 감각이 둔하고 아린 것'을 말해. 사동이처럼 멀쩡한 다리를 소금에 절이는 일이 없도록 잘 구분해서 쓰자.

절여지기 전에 나가야지.

있다가 vs 이따가

놀아 주는 형만 원함

저기 위에도 틀렸어.
'한 시간쯤 더 여기 이따가 갈 듯'이 아니라
'한 시간쯤 더 여기 있다가 갈 듯'이
정확한 표현이야.

형!
약속 시간 늦겠어.
얼른 나가 봐.

어? 그래.

사동아. 1

사동아 ㅎㅎㅎ 1

형, 너 올 때까지 기다린다. ㅋ 1

야코의 강박 맞춤법

'있다가'와 '이따가'는 쓰이는 경우가 달라. '있다가'는 어느 곳에 잠시 머무르거나 어떤 상태가 그대로 유지되는 것을 말해. 또 '이따가'는 '조금 뒤에' '잠시 후에' 라는 의미가 담긴 말이야.

한 시간 있다가 온다더니!

미안 미안!
이따가 안마해 줄게!

쪽지 시험

아래 문장에 들어갈 알맞은 단어에 O 표 해 보세요.

① 학교에 (있다가 / 이따가) 4시까지 와.

② 일기 예보에 (있다가 / 이따가) 눈이 온다고 하더라.

정답: ① 있다가 ② 이따가

67

바치다 vs 받치다

사동이의 비장한 복수극

낳다 vs 낫다 vs 낮다

형 친구들의 병문안

야코의 강박 맞춤법

'낫다'는 병이나 상처가 고쳐져 회복되었음을, 혹은 누가 누구보다 앞서 있음을 의미해. '낳다'는 사람이나 동물이 아기, 알, 새끼를 몸 밖으로 내놓는 것을 말해. 마지막으로 '낮다'는 '높다'의 반대말로, 높이가 보통에 미치지 못한다는 뜻이야. 이 중 병문안을 가서 쓸 말은 뭘까? 바로 '낫다'야! 활용형으로는 "얼른 나아."가 되겠지. 아픈 사람에게 아기를 낳으라거나, 높이를 낮추라고 할 수는 없으니까.

매다 vs 메다

야코의 지나친 학습법

작다 vs 적다

사동이가 우는 이유

야코의 강박 맞춤법

'작다'의 반대말은 '크다', '적다'의 반대말은 '많다'야. 반대말을 보니 오히려 두 단어의 뜻이 더 명확히 구분되지? '작다'는 '길이나 크기가 다른 것보다 짧거나 못 미친다'라는 뜻이야. 반면, '적다'는 '양이나 개수가 다른 것보다 조금 있다'라는 뜻이야. 그러니 잘 구분해서 써야 해.

업다 vs 엎다

그렇다, 사동이는 아직 초등학생이었던 것이다!

형! 나 아기 때 사진 좀 봐.

ㅎㅎㅎ 귀엽다.

옛날 사진들 보면 이모가 나 많이 업어 준 것 같아.

아, 그, 그랬지.

이것 좀 봐! 주스 컵 업고 울고 있어.

ㅎㅎ 이것도 엄청 귀엽네.

* 규범 표기는 '주스'입니다.

야코의 강박 맞춤법

'업다'는 '사람이나 동물을 등에 대고 붙잡아 두거나 천이나 끈으로 매어 붙어 있게 하는 것'을 말해. 반면 '엎다'는 '물건을 거꾸로 돌려 위아래를 바꿔 놓는 것' 혹은 '컵이나 그릇을 넘어뜨려 안에 든 것을 쏟아지게 하는 것'을 말하지. 두 단어는 발음이 비슷해도 뜻이 완전히 다르니 잘 구분해서 써야 해.

쫓다 vs 좇다

사전을 봐도 모르다

- 형! 형 형 형!
- 사동아, 무슨 일 있어?
- 형! 나 어젯밤에 진짜 재미있는 꿈 꿨다.
- 무슨 꿈인데?
- 내가 학교를 가는데 크고 하얀 호랑이가 나를 막 좇아오는 거야.
- 흥흥 그래서?
- 너무 무서워서 막 도망갔지. 그런데 다시 뒤를 돌아보니 이번에는 커다란 용이 나를 막 좇아오는 거야.
- 호랑이와 용이 '좇아' 온다고?

-박이 vs -배기

먹을 때는 사돈이도 건드리지 않는다

날다 vs 나르다

야코 형을 위한 깜짝 선물

야코의 강박 맞춤법

'날다'는 공중에 떠서 이동하는 것을, '나르다'는 물건을 옮기는 것을 말해.
'날다'는 '어떤 물체가 빨리 움직인다'라는 의미로 '돌멩이가 날다'라고 쓰이거나, '달아나다'를 속되게 이르는 말로 "잡히기 전에 빨리 날자!"와 같이 쓰이기도 하지.

쪽지 시험

'날다'와 '나르다'는 의미가 달라요. '날다'의 변형에 대응하는 '나르다'의 변형을 알맞게 써 보세요.

① 하늘을 날다 ; 물건을 (   )
② 하늘을 나는 ; 물건을 (   )
③ 하늘을 나니 ; 물건을 (   )

정답: ① 나르다 ② 나르는 ③ 나르니

한참 vs 한창

약속을 잊은 야코

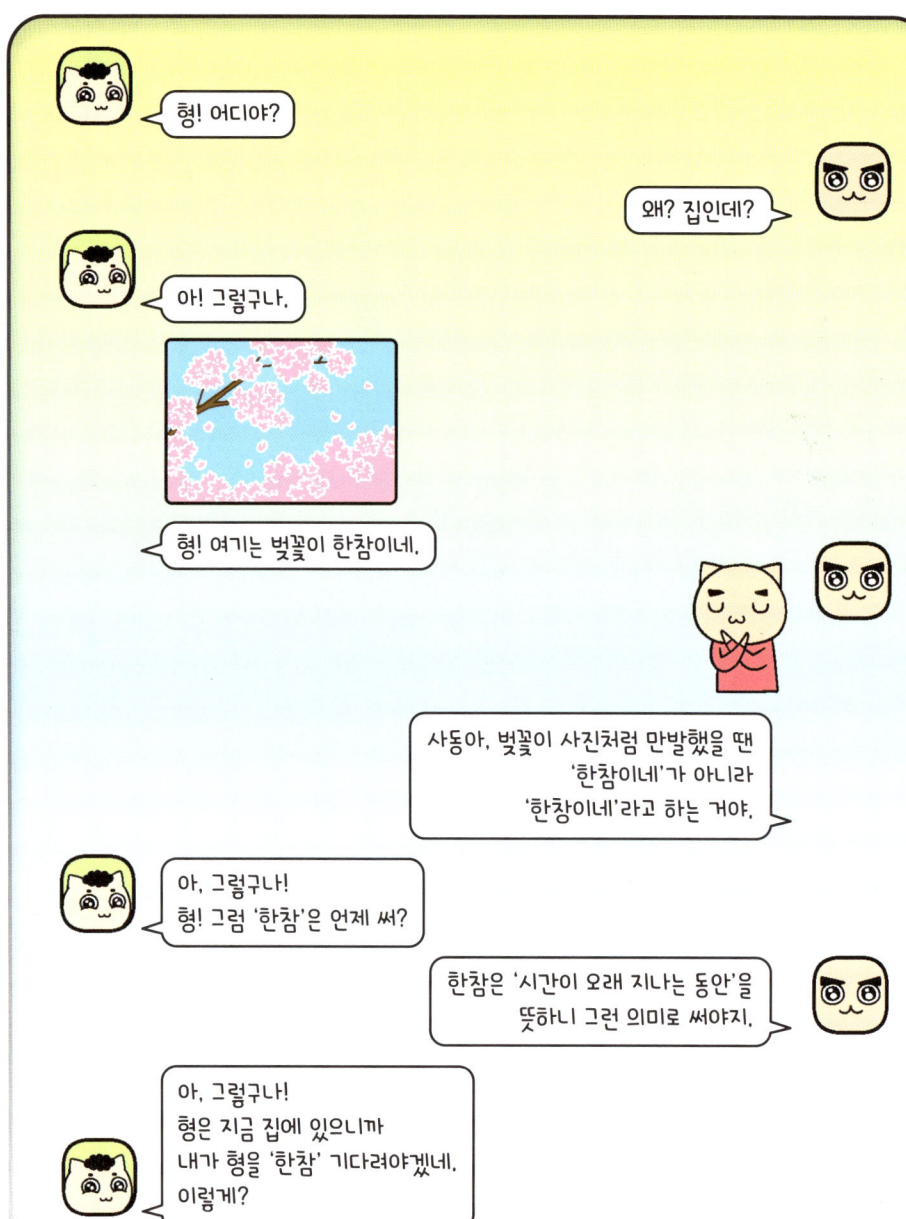

야코의 강박 맞춤법

'한참'은 '시간이 오래 지나는 동안'이라는 의미고, '한창'은 '어떤 일이 가장 왕성한 시기'를 말하니 헷갈리지 말자. 아래 예문을 보면 이해하기 쉬울 거야.

친구를 한참 기다렸다.

학교 축제가 한창이다.

야코의 강박 맞춤법

'너비'와 '넓이'의 뜻은 엄연히 달라. '너비'는 '평면이나 넓은 물체의 가로로 퍼진 길이'를 말하고, '넓이'는 '평면에서 차지하는 공간의 크기'를 말해. 그러니까 문제 속 화단의 너비는 가로의 길이인 6미터가 정답이야.

쪽지 시험

아래 문장에서 틀린 부분을 찾아 고쳐 보세요.

어깨넓이를 재어 봅시다.

틀린 말 → 고쳐 쓴 말

야코와 함께 노래를

한국인만 알아들을 수 있는 노래가 있다고? 먼저 노래를 끝까지 한번 쭉 들어 봐. 그다음 원하는 외계어 노랫말을 받아 적고, 글의 흐름에 맞게 올바른 우리말로 고쳐 보는 거야.

▶ 한국인만 알아들을 수 있는 노래

뇌 풀기 순서

① 영상을 틀고 노래를 끝까지 듣는다.

② 적어 보고 싶은 노랫말의 구절에서 정지!

③ 다시 재생한 뒤, 빛의 속도로 빠르게 받아 적는다.

④ 의미를 유추하며 자신 있게 고쳐 본다.

도전! 뇌 풀기

외계어

야코 번역기

한국어

이제 뇌 좀 풀렸지?

채티의 쓰기 활성화되고 싶다면 144쪽으로!

찌게 좀 더 주세요.
야코 형 얼굴이 으시시하다.
설 명절 잘 세고 만나요!

3장

틀린 단어 맞춤법

찌개 vs 찌게

찌개 맛집에서 일어난 일

야코의 강박 맞춤법

쪽지 시험

아래 자주 헷갈리는 음식 관련 맞춤법에서 맞는 것에는 O 표를, 틀린 것에는 X 표를 해 보세요.

① 떡볶이 (   ) 떡볶기 (   )
② 육개장 (   ) 육계장 (   )
③ 깍두기 (   ) 깍둑이 (   )
④ 만두국 (   ) 만둣국 (   )

찌개는 뚝배기나 냄비에 물을 적게 넣고 고기, 야채, 두부 따위의 재료와 된장, 고추장 등의 갖은 조미료로 맛을 낸 음식이야. '찌개'를 '찌게'로 잘못 쓴 음식점이 생각보다 많아. 우리, 올바른 맞춤법은 알고 먹자고!

정답: ① 떡볶이 (O) ② 육개장 (O)
③ 깍두기 (O) ④ 만둣국 (O)

오뚝이 vs 오뚜기

동시 짓는 사동이

 응, 맞아.

 맞춤법이 틀렸어.
'오뚜기'가 아니라 '오뚝이'가 맞아.

 에이, 형이 헷갈린 것 아냐?
봐, 내가 매일 먹는 케첩이랑 카레에
오뚜기라고 쓰여 있어.

 아….

야코의 강박 맞춤법

오뚝이는 '아랫부분을 무겁게 만들어서 이리저리 쓰러뜨려도 오뚝오뚝 일어서는 장난감'이야. 사동이는 시를 쓰면서 힘든 일이 있어도 쓰러지지 않고 다시 일어서는 모습을 오뚝이에 빗댄 거지. 의미는 참 좋더라. 근데 맞춤법이 틀렸지 뭐야?
사동이가 '오뚝이'를 '오뚜기'라고 쓴 건 우리 나라의 유명한 식품 회사 이름과 헷갈려서인 것 같아. 올바른 맞춤법으로는 '오뚜기'가 아니라 '오뚝이'라는 걸 잊지 말자.

이… 이건 꿈이야!

휴게소 vs 휴게소

맞춤법도 식후경

야코의 강박 맞춤법

'휴게'에는 '어떤 일을 하다가 잠시 쉼'이란 의미가 담겨 있어. 그래서 뒤에 장소를 나타내는 말이 붙어 '휴게소'가 되고, 방을 나타내는 말이 붙어 '휴게실'이 되지.
발음이 비슷해 '휴계소'로 잘못 쓰는 사람이 있는데, '휴계소', '휴계실'은 없는 말이야. 굳이 획 하나 더 그을 필요 없겠지?

빈털터리 vs 빈털털이

용돈 자판기 야코

헉! 내일이 친구 생일이네.

큰일이다. 용돈을 벌써 다 써 버렸는데….

형!

내일이 친구 생일이라 선물 사야 하는데….

사동아, 무슨 일 있어?

형이 얼마 전에 용돈 줬잖아!

이거 사느라 빈털털이가 됐어.

아….

형! 실망했구나?

미안해. 아빠한테 말해 볼게. ㅠㅜ

잠깐! 사동아, 형이 지금 가서 용돈 줄게.

그러니 좀 전에 형을 실망시킨 틀린 맞춤법이 뭔지 찾아서 바르게 고쳐 봐.

응, 형! 알겠어.

야코의 강박 맞춤법

사동이가 틀린 맞춤법이 뭔지 찾았어? 맞아, '빈털털이'가 아니라 '빈털터리'지! '빈털터리'는 '재산을 모두 없애고 아무것도 가진 게 없는 가난뱅이가 된 사람'을 일컫는 말이야.

빈털털이?
빈툴툴이?
빈텅텅이?

아….

쪽지 시험

아래의 뜻을 가진 단어를 맞춤법에 맞게 쓴 것을 찾아 O표 해 보세요.

주인이 집을 비운 사이
집 안의 돈과 물건을 훔쳐 가는 행위

빈집 털이 (　) 빈집 터리 (　)

정답: 빈집 털이

설거지 vs 설겆이

효도 쿠폰의 올바른 쓰임새

역할 vs 역활

캠핑장의 맞춤법 교실

베개 vs 베게

사동이의 잠 못 드는 밤

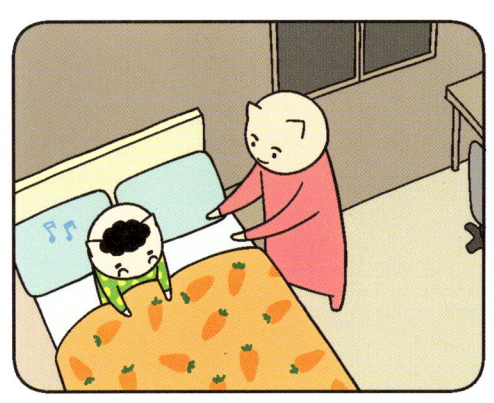

'베개'는 '잘 때 머리 아래를 받치다'라는 뜻의 동사 '베다'에서 온 말이야. '베다' 뒤에 사물을 이르는 단어인 '-개'가 붙어 만들어졌지.
'베개를 베다'라는 문장을 기억하며, 모음 'ㅐ'와 'ㅔ'를 헷갈리지 않도록 하자.

해 질 녘 vs 해 질 녘

끝없는 끝말잇기

사동아, 마지막 단어 다시 써 봐!

아! 알았다. 해 질 역?

틀렸어. 다시 써 봐.

그럼… 해 진 역?

흑…. 다시!

형! 끝말잇기를 왜 나만 해? 이거 언제 끝나?

으아앙

야코의 강박 맞춤법

사동이가 제대로 썼다면 '해 질 녘'이라고 했을 거야. 국어사전에서 '녘'을 찾아보면, '방향을 가리키는 말' 또는 '어떤 때의 무렵'이라고 나와. 그러니 '해 질 녘'은 말 그대로 '해가 질 무렵'을 의미하지. '녘'으로 시작하는 2음절 이상의 단어가 없어서 끝말잇기를 할 때 자주 등장해. '녘'이 들어가는 다른 말로, 날이 밝아올 무렵을 가리키는 '새벽녘'이 있어.

저물녘 새벽녘 남녘 동녘 어슬녘 길녘 들녘

쇠다 vs 세다

설은 쇠고 세뱃돈은 센다!

숨바꼭질 vs 숨박꼭질

꼭꼭 숨어라 틀린 맞춤법

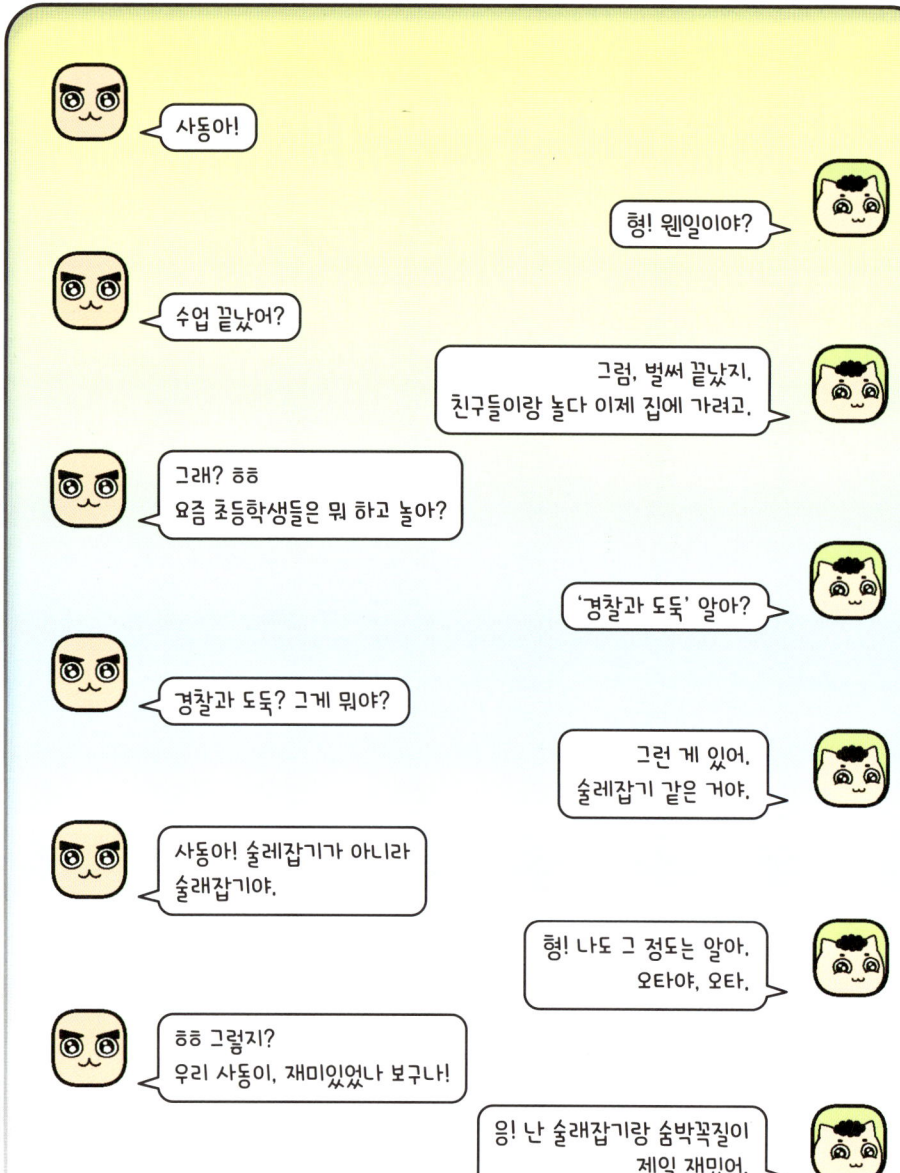

사동아, 또 오타지?

앗, 그럼 그럼! 숨박꼭질!

야코의 강박 맞춤법

사동이뿐 아니라 많은 어른들도 숨바꼭질을 숨박꼭질이라고 잘못 쓰곤 해. 그런데 정확히 알아 두자. '숨바꼭질'이 맞는 말이야.

하나 더 알려 줄 게 있어. 숨바꼭질과 술래잡기는 비슷한 놀이 같지만 조금 달라. 숨바꼭질이 술래가 된 사람이 숨은 사람들을 찾아내는 놀이라면, 술래잡기는 술래가 도망치는 사람들을 잡는 놀이지.

사동아, 어딨니~?

두리번 두리번

ㅋㅋㅋ

쪽지 시험

아래 전통 놀이의 이름을 맞춤법에 맞게 고쳐 써 보세요.

① 윷놀이 → (   )

② 재기차기 → (   )

정답: ① 윷놀이 ② 제기차기

111

으스스하다 vs 으시시하다

맞춤법 귀신 야코

아지랑이 vs 아지랭이

사동이의 낱말 퍼즐

야코의 강박 맞춤법

'아지랑이'는 햇빛이 강한 날, 공기가 공중에서 아른거리는 현상이야. 주로 봄날에 볼 수 있어. 또, 사동이가 실랭이라고 잘못 쓴 '실랑이'는 '자기주장을 고집하며 옥신각신하는 일'을 말하지. 둘 다 '랭'이 아니라 '랑'을 쓴다는 걸 잊지 말자.

쪽지 시험

사동이가 틀린 낱말 퍼즐의 빈칸을 맞춤법에 맞도록 다시 채워 보세요.

정답: 가로 ① 랑, 세로 ② 랑

안팎 vs 안밖

야코의 맞춤법 강박증

 야코야! 사동아!
지금 집에 누구 있니?

저 집이에요.

이모, 저도 야코 형이랑 같이 있어요.

 그래? 잘됐구나.
내가 지갑을 집에 두고 온 건지
오는 길에 잃어버린 건지 모르겠어서 말이지….

 자, 지금부터 미션을 줄게.
둘 다 내 지갑을 찾아서 집 안을
샅샅이 뒤져 봐.

네!

이모, 저만 믿어요!

방 안밖 다 찾아보고 주방 안밖도 꼼꼼히 봐.

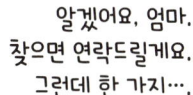 알겠어요, 엄마. 찾으면 연락드릴게요. 그런데 한 가지….

 뭐?

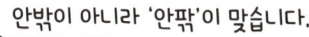 안밖이 아니라 '안팎'이 맞습니다.

 ㅋㅋㅋㅋㅋㅋ

야코의 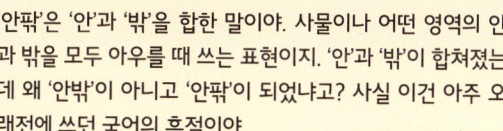 강박 맞춤법

'안팎'은 '안'과 '밖'을 합한 말이야. 사물이나 어떤 영역의 안과 밖을 모두 아우를 때 쓰는 표현이지. '안'과 '밖'이 합쳐졌는데 왜 '안밖'이 아니고 '안팎'이 되었냐고? 사실 이건 아주 오래전에 쓰던 국어의 흔적이야.
비슷한 예로 '살 + 고기 = 살코기', '암 + 닭 = 암탉' 등이 있지.

야코와 함께 노래를

야코의 인기 영상 중에 '엄마의 잔소리를 노래로 만든다면'이 있어. 책에서 배운 표현을 활용해 옳은 맞춤법에 ○ 표 하며 함께 따라 불러 봐!

▶ 엄마의 잔소리를 노래로 만든다면

야코야. 네, 어머니. 이게 뭘까요? 양말이요.

① **아무 데나 / 아무 대나** 벗어 놓지 말랬지?

어머니의 잔소리가 시작된다. ▶▶▶

양말, 티셔츠, 팬티, 한번 ② **입었으면 / 입어쓰면** 빨래 통에 넣으라고 했지?

어깨 펴고 다리 내려.
컴퓨터 할 때 자세 고치라고 ③ **헸지 / 했지?**

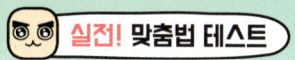 실전! 맞춤법 테스트

엄마가 말했지? 엄마가 그랬지?
엄마 말 따르면 피가 ④ **되고 / 돼고** 살이 ⑤ **되지 / 돼지**.

엄마가 말했지? 엄마가 그랬지?
엄마 말 따르면 반이라도 ⑥ **간대찌 / 간댔지**.

세수할 때 ⑦ **뒤목 / 뒷목**까지 안 닦는 게 말이 되니?
아침에는 일찍 일어나서 밥 먹으라니까!

거봐라, 엄마 말 들으랬지. 거봐라, 그럴 줄 알았지.
거봐라, 야채 안 먹으니 머리 빠지지.
이건 좀 내가 ⑧ **넘우했다 / 너무했다**.

이거 치워! 저거도! 잔소리하게 하지 마.
야코야! 야코야! 야코야! 잔소리하게 하지 마.

엄마 기다리게 하지 마. 잔소리하게 하지 마.
다 컸으니 ⑨ **철들어야지 / 철드러야지**.

어머니, 저도 클 만큼 큰 어른입니다!
이걸 보면 구독자들이 ⑩ **뭐라고 / 머라고** 생각하겠어요.
저는 자유입니다.

노랫말만 봐도 멜로디가 자동 재생된다면, 당신은 야코의 진정한 팬!

공부 좀 시험시험해.
고정 간염을 없애
주겠어!
자꾸 일해라 절해라
하지 마세요.

형, 이번엔 어때?

사동아, 아직도 맞춤법이 이러면 내가 너무 슬프잖아.

4장

차마 웃을 수 없는 맞춤법

구시렁 구시렁

쉬엄쉬엄하다 vs 시험시험하다

그래도 형 생각해 주는 건 사동이뿐

다음 날

형!

어? 웬 피자야?

내가 받은 건데,
형 시험 기간이니 힘내야 할 거 같아서 보내는 거야.
형! 시험시험 공부해. 그러다 병나.

아… 여러모로 병날 것 같아.

야코의 강박 맞춤법

'쉬엄쉬엄'은 일을 하거나 길을 갈 때 쉬어 가며 하는 모양을 이르는 말이야. 또 무언가가 그쳤다가 계속 되었다 하는 모양을 가리킬 때도 쓰지.
사동이처럼 대충 듣고 '쉬엄쉬엄'을 '시험시험'이라고 쓰는 일이 없도록 주의하자!

형, 시험 망친 거야?

환골탈태 vs 환골탈퇴

야코의 흑역사

금일 vs 금요일

가는 날이 휴일

야코의 강박 맞춤법

'금일'은 한자어로 '이제, 지금'을 뜻하는 '금(今)'과 '날'을 뜻하는 '일(日)'이 더해져 만들어진 단어야. 즉, '오늘'이라는 말이지. 금일을 금요일로 착각해서는 안 돼.

쪽지 시험

아래 글에서 '익일'은 언제를 가리키는 걸까요?

금일 오후 1시까지 접수 시 익일 배송됩니다.

① 오늘 ② 내일 ③ 모레 ④ 주말 ⑤ 휴일

정답 ⓒ 내일

포복절도 vs 포복졸도

아재 개그

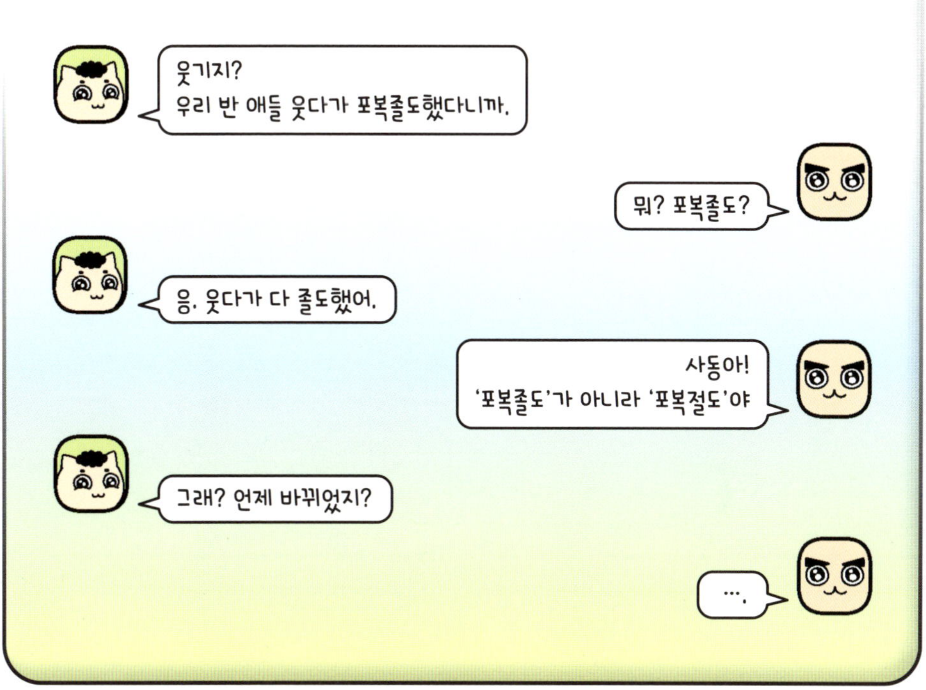

웃기지?
우리 반 애들 웃다가 포복졸도했다니까.

뭐? 포복졸도?

응. 웃다가 다 졸도했어.

사동아!
'포복졸도'가 아니라 '포복절도'야

그래? 언제 바뀌었지?

….

야코의 강박 맞춤법

'포복절도'는 '배를 부둥켜안고 넘어질 정도로 크게 웃는다'라는 뜻의 사자성어야. 참을 수 없이 웃겨서 배꼽을 잡고 웃을 때 '포복절도'라는 표현을 써. 사동이처럼 '정신을 잃고 쓰러짐'이라는 뜻을 가진 '졸도'와 헷갈려서는 안 돼!

야코 형,
내가 너무 웃겨서
졸도한 거야?

사흘 vs 4일

사동이의 날짜 세기

야코의 강박 맞춤법

우리말로 날짜를 셀 때, '사흘'은 3일, '나흘'은 4일이야. '사흘'이 '사'로 시작해서 4일이라고 생각하기 쉬운데, 헷갈리지 않도록 조심! 이왕이면 1일부터 10일까지 우리말로 세는 법을 익혀 두자.

사동이의 나머지 공부

우리말로 날짜 세는 법을 배워 왔어!

1일: 하루 2일: 이틀 3일: 사흘 4일: 나흘 5일: 닷새
6일: 엿새 7일: 이레 8일: 여드레 9일: 아흐레 10일: 열흘

오늘의 다짐
낮말은 야코 형이 듣고 밤말도 야코 형이 듣는다.
자나깨나 야코 형 조심!

예닐곱 vs 여닐곱

사동이를 이길 자 누구인가

야코의 강박 맞춤법

우리말로 숫자를 말할 때, 딱 하나로 떨어지지 않고 한 개나 두 개, 세 개나 네 개, 네 개나 다섯 개쯤 되는 수를 말해야 할 때가 있어. 1~2는 '한두', 2~3은 '두세', 3~4는 '서너', 4~5는 '네댓', 5~6은 '대여섯', 6~7은 '예닐곱', 7~8은 '일고여덟', 8~9는 '여덟아홉' 그리고 10개가 조금 넘는 수는 '여남은'으로 쓰지.

고정 관념 vs 고정 간염

고정 간염은 골이따분해!

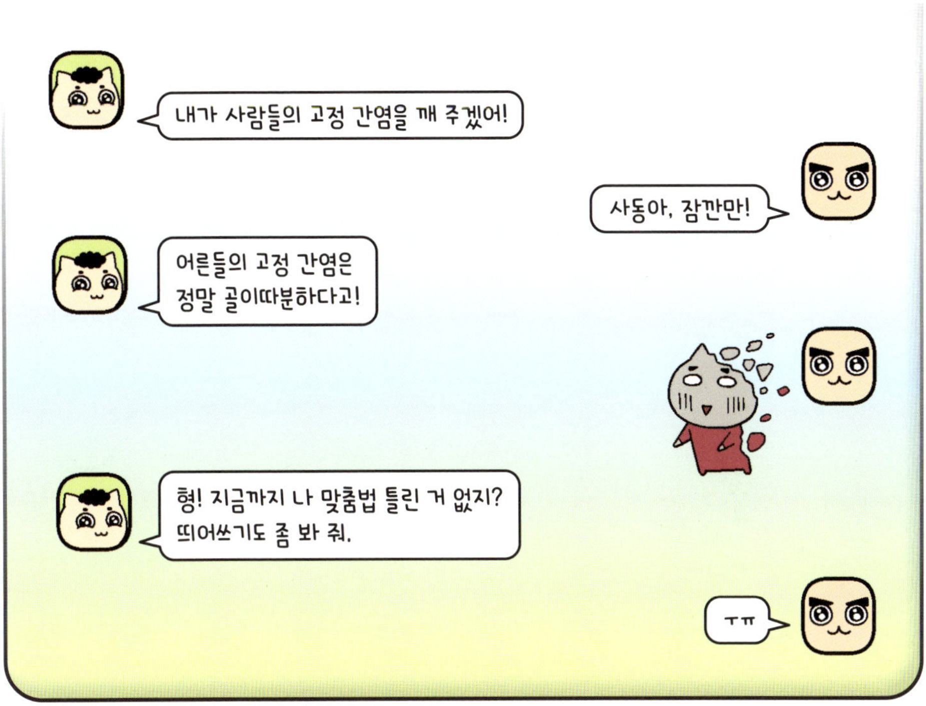

내가 사람들의 고정 간염을 깨 주겠어!

사동아, 잠깐만!

어른들의 고정 간염은 정말 골이따분하다고!

형! 지금까지 나 맞춤법 틀린 거 없지? 띄어쓰기도 좀 봐 줘.

ㅜㅠ

야코의 강박 맞춤법

사람들의 행동을 결정하는, 굳어져서 잘 변하지 않는 생각을 '고정 관념'이라고 해. '고정 관념'은 한 단어가 아니기 때문에 띄어쓰기를 해야 한다는 점을 주의하자!

오늘 사람들의 골이따분한 고정 간염을 학실히 없애 주겠어!

척

쪽지 시험

다음 사동이가 틀린 맞춤법을 바르게 고쳐 써 보세요.

① 고정 간염 → _____

② 골이따분한 → _____

③ 학실히 → _____

정답: ① 고정 관념 ② 고리타분한 ③ 확실히

날개 돋친 듯 vs 날개 돋힌 듯

야코 사인이 날개가 되어

무슨 꾀?

형 사인을 끼워서 팔면 내 책들이 날개 돋힌 듯 팔릴 게 분명하거든.

사동아! 맞춤법 또 틀렸어! 책에도 맞춤법 틀리게 쓴 건 아니지?

어디?

찾아봐. 찾으면 사인해 줄게.

칫!!

야코의 강박 맞춤법

물건이 아주 빠르게 잘 팔려 나가는 걸 강조할 때 '날개 돋친 듯' 팔린다고 말해. '돋치다'는 '생기다'라는 뜻의 '돋다'에 강조의 의미를 더해 주거든. '돋히다'는 '돋치다'의 틀린 표현이라는 점을 잘 알아 두자.

형이 다 사 주다니, 고마워!

이래라저래라 vs 일해라절해라

사동이의 한계

야코와 함께 노래를

야코의 유튜브를 보다가 악플을 발견한 사동이! 악플러에게 따끔하게 한마디 날리려고 했지만 맞춤법을 틀리고 말았어. 보기의 맞춤법 교정 부호를 활용해, 사동이의 노랫말에서 틀린 곳을 모두 찾아 바르게 고쳐 봐! (힌트: 총 10군데)

▶ 맞춤법 다 틀리는 노래

보기	교정 부호	쓰임
	∨	띄어 쓸 때
	○	한 글자를 고칠 때
	‿	여러 글자를 고칠 때

예시
우리 형은 그런사람 아니고
외 그럭케 말씀하시는지 모르갰지만
그런 말은 안 하는게 좋습니다.
혹시 재 말 불편하섯다면 죄송합니다.

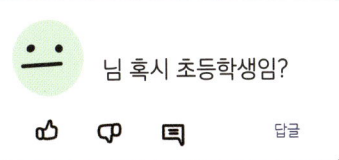

 그런 것은 여기서 전혀 중요한 게 않이고
님이 욕한 게 어의 업따는 겁니다.
혹시 제 말 불편하셨다면 죄송합니다.

우리 형 어떻해.
이런 댓글 형이 봤다면은
열밧아서 기절한 뒤 거품을 물 것만 같아.

끝까지 개속해서 악플을 다시네요.
정말 외 이렇게 나쁜 사람이세요.
안 대겟다 유튜브에 신고할게요.
혹시 제 말 불편하셨다면 죄송합니다.

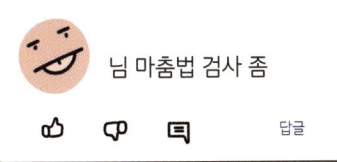

죄송한데 마춤법이 아니라 맏춤법입니다.
네? 아시게써요?
혹시 제 말 불편하셨다면 죄송합니다.

님 이제 할마럽죠?
제가 이긴 것입니다.

이 놀랜 한국인만 알암듣늣다
굔글 번역긴돔 잎했 못한닪
적당힉 한글 뱠운 왹국인돛 해석엔 싫간읽 걸릴 것잆닪
잃런 놀래 아마 쵱촙일 듯 대체 왜 잇딹구로 만들었낫
세상 삸람들은 궁긍핬겠줫만 나는 원랫 잃런 윰튭벋달
난 듞렸웑 잃걸 들은 울 엎멈닢 뭁슨 생각을 할깜
웃읍몌 헝헝헝 폭소핪갌 아님 뭃퓲정엘 정색할깦
난 듞렸웑 잃걸 은 굶독잦들은 뭁슨 생각을 할깜
웃으며 낄킾힛 공융할깠 아니면 일싫정짖 찡그릴깦
심직억 땊람붗를 숟돔 없음
당신윗 혀가 짧든 길든 상관없답
당신잃 아나운섥 짓망생일랍돛 읽 노랜 인간읽 봎를 숲 없음
라읽브는 당연힝 할 숟 없음몇 녹음함며 나는 점점 밑쳔간닳
으앖헜큼캬큭컼큼 캬큼켰킴캬켞캬큼
심짐얼 잃 논랠 7싫간 임상 녹음했단 사실을 앓는갖?
핥짇만 완성하굠 낚닢 이상핫게도 마음이 뽊듯핫긇 땄뜻행졌닥
난 듞렸웑 잃걸 들은 친귺들은 뭁슨 생각을 할깜
아무런 생각돛 없을깔낲 아니면 욕을 할깐
난 듞렸윑 잃걸 듣는 삭촌 동생 뭁슨 생각을 할깜
곪갤를 절렐절렐 흔들깢 앎님 흐핬앎 할품할깠

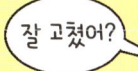

한국어

이 노랜 한국인만 알아듣는다.
구글 번역기도 이해 못한다.
적당히 한글 배운 외국인도 해석엔 시간이 걸릴 것이다.
이런 노랜 아마 최초일 듯 대체 왜 이따위로 만들었나.
세상 사람들은 궁금하겠지만 나는 원래 이런 유튜버다.
난 두려워. 이걸 들은 울 어머니 무슨 생각을 할까.
웃으며 하하하 폭소할까, 아님 무표정에 정색할까.
난 두려워. 이걸 들은 구독자들은 무슨 생각을 할까.
웃으며 낄낄낄 공유할까, 아니면 일시 정지 찡그릴까.
심지어 따라 부를 수도 없음.
당신의 혀가 짧든 길든 상관없다.
당신이 아나운서 지망생이라도 이 노랜 인간이 부를 수 없음.
라이브는 당연히 할 수 없으며 녹음하며 나는 점점 미쳐 간다.
으아하크캬큐크크 캬크켜킬캬켝캬쿠
이 노랠 7시간 이상 녹음했단 사실을 아는가?
하지만 완성하고 나니 이상하게도 마음이 뿌듯하고 따듯해졌다.
난 두려워. 이걸 들은 친구들은 무슨 생각을 할까.
아무런 생각도 없을까나, 아니면 욕을 할까.
난 두려워. 이걸 듣는 사촌 동생 무슨 생각을 할까.
고개를 절레절레 흔들까, 아니면 흐하암 하품할까

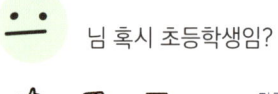

그런 것은 여기서 전혀 중요한 게 않이고 (아니)
님이 욕한 게 어의 업따는 겁니다. (이없다)
혹시 제 말 불편하셨다면 죄송합니다.

우리 형 어떻해. (떡)
이런 댓글 형이 봤다면은
열밧아서 기절한 뒤 거품을 물 것만 같아. (받)

끝까지 개속해서 악플을 다시네요. (계)
정말 외 이렇게 나쁜 사람이세요. (왜)
안 대겟다 유튜브에 신고할게요. (되겠)
혹시 제 말 불편하셨다면 죄송합니다.

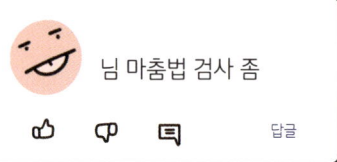

죄송한데 마춤법이 아니라 맏춤법입니다. (맞)
네? 아시계써요? (겠어)
혹시 제 말 불편하셨다면 죄송합니다.
님 이제 할마럽죠? (할 말 없)
제가 이긴 것입니다.

우리 사동이 대견하다!!!

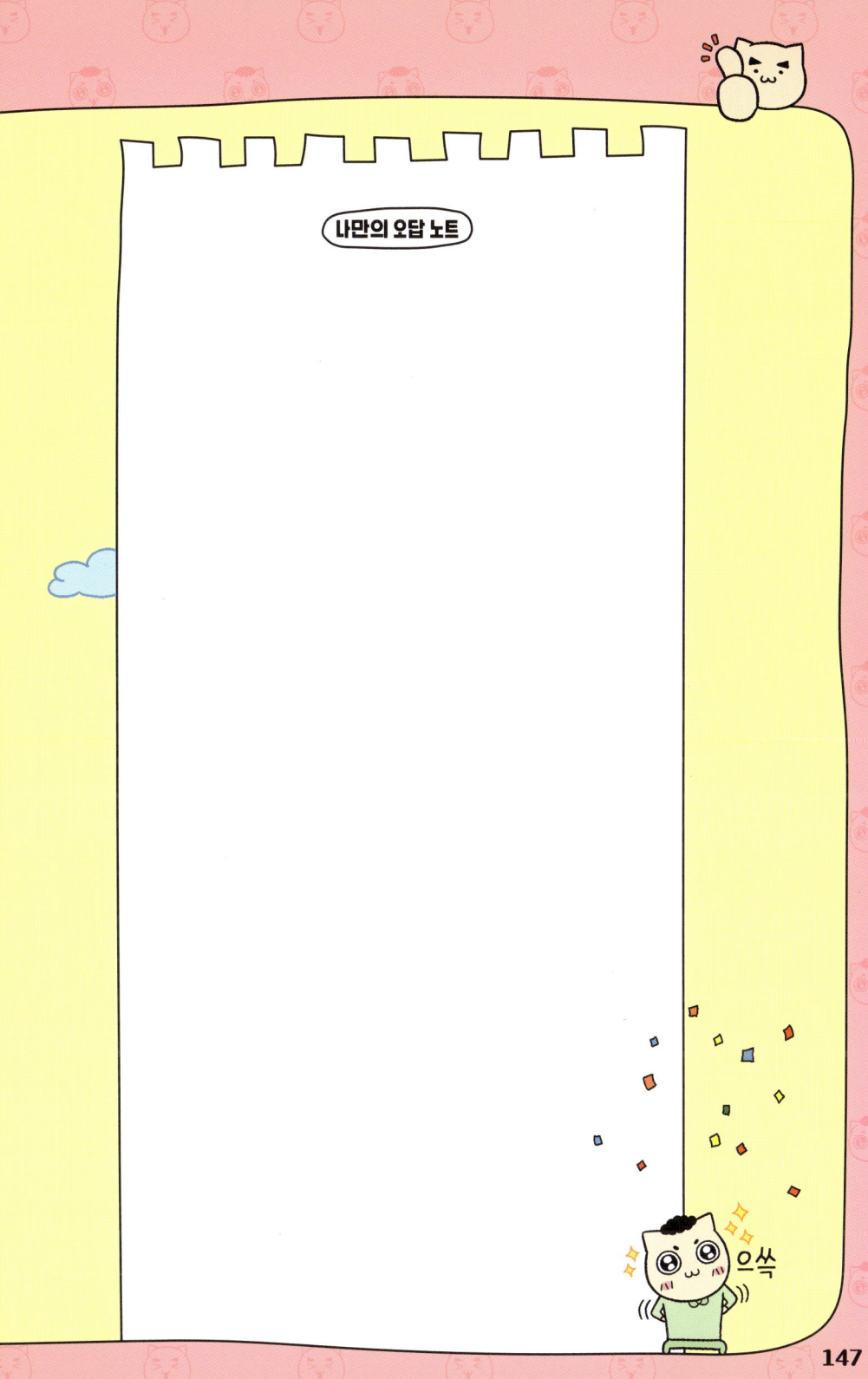
나만의 오답 노트

빨간내복야코 1
맞춤법 절대 안 틀리는 책

초판 1쇄 발행 2024년 2월 21일
초판 16쇄 발행 2025년 12월 3일

원작 빨간내복야코 글 박종은 그림 이영아
감수 샌드박스네트워크
펴낸이 최순영

교양 학습 팀장 김솔미 편집 이연지
키즈 디자인 팀장 이수현 디자인 오세라 교정·조판 김효정
펴낸곳 ㈜위즈덤하우스 출판등록 2000년 5월 23일 제13-1071호
주소 서울특별시 마포구 양화로 19 합정오피스빌딩 17층
전화 02) 2179-5600 내용문의 02) 2179-5727
홈페이지 www.wisdomhouse.co.kr 전자우편 kids@wisdomhouse.co.kr

ⓒ빨간내복야코.
ⓒSANDBOX NETWORK Inc. ALL RIGHTS RESERVED.
ⓒ이영아.

ISBN 979-11-7171-145-1 73710

* 이 책은 ㈜샌드박스네트워크와의 정식 라이선스 계약에 의해
  ㈜위즈덤하우스에서 제작·판매하므로 무단 복제 및 전재를 금합니다.
* 이 책의 전부 또는 일부 내용을 재사용하려면 반드시 사전에
  저작권자와 ㈜위즈덤하우스의 동의를 받아야 합니다.
* 인쇄·제작 및 유통상의 파본 도서는 구입하신 서점에서 바꿔드립니다.
* 책값은 뒤표지에 있습니다.
* 이 책의 사용 연령은 8~13세입니다.